《国际中文教师证书》考试
考生指引手册

Handbook for
Certificate of Teaching Chinese to Speakers of Other Languages

贾一凡　邢力钶　孔丽华　郝全智　编著

图书在版编目（CIP）数据

《国际中文教师证书》考试考生指引手册 / 贾一凡等编著. — 北京：北京大学出版社，2023.7
ISBN 978-7-301-33664-9

Ⅰ. ①国… Ⅱ. ①贾… Ⅲ. ①汉语 – 对外汉语教学 – 资格考试 – 自学参考资料 Ⅳ. ①H195.3

中国国家版本馆CIP数据核字(2023)第006162号

书　　　名	《国际中文教师证书》考试考生指引手册 《GUOJI ZHONGWEN JIAOSHI ZHENGSHU》KAOSHI KAOSHENG ZHIYIN SHOUCE
著作责任者	贾一凡　邢力钶　孔丽华　郝全智　编著
责任编辑	宋立文　孙艳玲
标准书号	ISBN 978-7-301-33664-9
出版发行	北京大学出版社
地　　　址	北京市海淀区成府路205号　100871
网　　　址	http://www.pup.cn　　新浪微博：@北京大学出版社
电子邮箱	zpup@pup.cn
电　　　话	邮购部 010-62752015　发行部 010-62750672 编辑部 010-62753374
印　刷　者	大厂回族自治县彩虹印刷有限公司
经　销　者	新华书店
	650毫米×980毫米　16开本　6印张　63千字 2023年7月第1版　2023年7月第1次印刷
定　　　价	28.00元

未经许可，不得以任何方式复制或抄袭本书之部分或全部内容。
版权所有，侵权必究
举报电话：010-62752024　电子邮箱：fd@pup.cn
图书如有印装质量问题，请与出版部联系，电话：010-62756370

序

热烈祝贺《〈国际中文教师证书〉考试考生指引手册》正式出版！这是一本考生朋友们期待已久、迫切需要的考试参考用书！

当下，国际中文教育的需求仍然旺盛，发展势头依然强劲。目前，全球180多个国家和地区开展中文教育，80多个国家将中文纳入国民教育体系，4000多所国外高校设立了中文院系或开设中文专业、课程，8万多个海外中小学和教育机构在教授中文，中国以外累计学习和使用中文的人数达2亿，中文的国际影响力不断提升。

国际中文教育的核心在于"三教"（即教师、教材、教学法），"三教"的核心是教师。国际中文教育事业的快速发展带动了对高质量中文师资的旺盛需求。《国际中文教师证书》考试自2015年正式开考以来，累计报名人数已达到数十万人，为国际中文教师的选拔和招聘提供了重要的参考标准。

由于《国际中文教师证书》考试的发展历程较为曲折，考试流程稍显复杂，很多考生感觉雾里看花，甚至有相当数量的已经考取证书的考生对证书和考试的了解也是一知半解，所以亟需一

《国际中文教师证书》考试考生指引手册

本实用的参考书来指导大家全面了解《国际中文教师证书》考试的相关情况,为大家的报考和备考过程提供有效指导。

本书对163个《国际中文教师证书》考试常见问题进行了规范化的解答。从行业的发展前景、就业岗位、待遇,到报考资格、报名要求、考试时间、报名方法和流程,以及考试内容、形式和评定标准等方面的信息,可谓是面面俱到,十分周全。

值得一提的是,书中还提供了很多有用的备考建议,从备考资料的选择,到备考方法策略,以及对考生选择证书考试教培机构的一些建议。我相信,这些内容能够帮助大家更高效地复习备考,而这本《〈国际中文教师证书〉考试考生指引手册》一定会成为所有考生人人必备的考试参考用书!

行远必自迩,登高必自卑。备考《国际中文教师证书》考试是一个充满挑战但也充满机遇的过程,我们建议所有对国际中文教育感兴趣的朋友都来报名考试,并充分利用这个机会来提升自己的专业能力和教学水平。

最后,祝愿大家在《国际中文教师证书》考试中取得优异的成绩,并在未来的国际中文教育生涯中取得卓越的成就!

李鹤鸣

对外汉语人俱乐部主席

汉得中文创始人

liheming@jiaohanyu.com

目 录

行业与证书

1. 国际中文教育行业前景如何？ ·················· 1
2. 国际中文教育从业者有哪些就业岗位？ ·········· 1
3. 国际中文教师目前待遇如何？ ···················· 2
4. 《国际中文教师证书》是什么？ ·················· 2
5. CTCSOL是什么？ ······························ 2
6. 考这个证书有什么用？ ·························· 3
7. 这个证书是哪个机构颁发的？ ···················· 3
8. 拿到这个证书就可以做国际中文教师了吗？ ······ 3
9. 这个证书是去海外做中文教师志愿者和公派教师的
   必要条件吗？ ·································· 4
10. 持有这个证书是去海外教汉语的必要条件吗？ ······ 4
11. 国内外学校对这个证书的认可度高吗？ ············ 4
12. 《国际中文教师证书》考试主要考什么？ ·········· 5
13. 考试难吗？通过率高吗？ ······················· 5

《国际中文教师证书》考试考生指引手册

报考资格及要求

14. 报名考试有什么条件? ······6
15. 在校大学生可以报名吗? ······6
16. 本科学历是报名参加考试的必要条件吗? ······7
17. 报名需要用学位证书吗? ······7
18. 自考本科可以报名吗? ······7
19. 报名考试有专业限制吗? ······7
20. 报名以前需要先参加普通话水平测试吗? ······7
21. 考试对普通话水平有什么要求? ······8
22. 报名需要有大学英语四六级证书吗? ······8
23. 考试对外语水平有什么要求? ······8
24. 除了英语,面试时可以使用其他语种吗? ······8
25. 其他外语语种会比英语更有优势吗? ······9

考试费用

26. 考试的报名费是多少? ······10
27. 考取证书一共需要花费多少钱? ······10
28. 这个考试可以开具发票吗? ······10

考试时间、报名方法及流程

29. 每年什么时候考试? ······11
30. 一般什么时候报名? ······11
31. 在哪儿报名? ······11
32. 报名以前需要准备哪些材料? ······12

33. 笔试面试一起报还是分开报？ ……………………… 12
34. 线下笔试报名流程是怎样的？ …………………… 12
35. 居家笔试报名流程是怎样的？ …………………… 13
36. 线下面试报名流程是怎样的？ …………………… 14
37. 居家面试报名流程是怎样的？ …………………… 15
38. 面试的时间自己可以选择吗？ …………………… 16
39. 报名时遇到网络卡顿怎么办？ …………………… 16
40. 报名缴费时一直显示登录错误，但邮箱、密码都是对的，
    就是登录不上，怎么办？ ………………………… 16
41. 每次考试报名人数有名额限制吗？ ……………… 16
42. 报名成功但是缴费不成功，算报名成功吗？ …… 16
43. 缴费后还可以修改个人信息或变更考点吗？ …… 17
44. 外国人与中国人报考有区别吗？ ………………… 17
45. 报名以后如果不想考了可以退费吗？ …………… 17
46. 报名以后如果没准备好可以延期考试吗？ ……… 18
47. 一次考不过还可以考第二次吗？ ………………… 18
48. 笔试过了，面试没过，下一次面试时笔试成绩保留吗？ … 18

考试地点

49. 国内国外都可以参加考试吗？考点都有哪些？ ……… 19
50. 考点是自己选择的吗？ …………………………… 19
51. 本省有考点，可以跨省参加考试吗？ …………… 19
52. 如何确定自己最终的考点？ ……………………… 20
53. 笔试和面试可以在不同的考点吗？ ……………… 20
54. 可以笔试在国内参加，面试在国外参加吗？ …… 20

55. 不同考点面试的评分标准一样吗? ·················20
56. 在三四线城市考点参加面试会比在北上广深更容
    易通过吗? ·······································20
57. 限本省考试是以户籍为准吗? ·····················20
58. 笔试可以居家考试吗? ···························21
59. 面试可以居家考试吗? ···························21
60. 居家考试可以选择海外考点吗? ···················21

考试内容、形式及评定标准

61. 考试范围包括哪些方面? ·························22
62. 笔试试卷题目有哪几个部分? ·····················22
63. 笔试都有哪些题型?每个部分的占比是多少? ·······23
64. 笔试需要达到多少分才能通过考试? ···············23
65. 面试有哪几个部分? ·····························23
66. 面试需要达到多少分才能通过? ···················23
67. 考试具体的评价标准是什么? ·····················24

教材及备考资料

68. 考试有官方指定教材吗? ·························29
69. 官方是否给出了参考书目? ·······················29
70. 官方列出的参考书都必须购买吗? ·················30
71. 非本专业考生需要学习哪些专业课教材? ···········31
72. 面试备考时可以学习哪些参考书? ·················32
73. 除了官方推荐的,还有哪些比较好的应试参考书
    和模拟题? ·······································33

74. 这些应试参考书和模拟题具体应该怎么使用? …………… 37
75. 案例书有哪些? ……………………………………………… 37
76. 我打算全面复习,应该看哪些书?需要多长时间? ……… 42
77. 我只有两个月的时间,应该怎么准备笔试?看哪些书? … 43
78. 我只有一个月的时间,应该怎么准备笔试?看哪些书? … 43
79. 我打算笔试通过就开始准备面试,应该看哪些书?怎么
    准备? ………………………………………………………… 44

备考方法及策略

80. 笔试需要提前多长时间准备? …………………………… 45
81. 笔试前两个部分应该如何准备? ………………………… 45
82. 笔试文化部分应该如何准备? …………………………… 46
83. 笔试第三部分是心理测试题吗? ………………………… 46
84. 笔试第三部分有评分标准吗?需要备考吗? …………… 46
85. 笔试备考时间不够了,有通过考试的捷径吗? ………… 47
86. 真题没有答案和解析怎么办? …………………………… 47
87. 面试需要提前多长时间准备? …………………………… 48
88. 外语不好,应该做哪些准备? …………………………… 48
89. 外语自我介绍可以源于生活并高于生活吗? …………… 49
90. 完全没有教学经验,针对面试的不同环节应该如何准备? … 49
91. 7分钟试讲考前怎么准备?可否背几个模板? ………… 50
92. 板书有模板吗?需要提前练习吗? ……………………… 51

笔试流程

93. 准考证什么时候可以打印? ……………………………… 52

94. 考试当天还可以打印准考证吗? ················· 52
95. 考试支持电子版准考证吗? ··················· 52
96. 除了准考证，还需要准备哪些东西? ············· 52
97. 线下笔试流程是如何进行的? ················· 53
98. 笔试一共多长时间? ······················ 54
99. 迟到了能进入考场吗? ····················· 54
100. 考试中途可以去洗手间吗? ················· 55
101. 可以带智能手表吗? ····················· 55
102. 考场有挂钟吗? ······················· 55
103. 考试的时候监考老师会提醒剩余时间吗? ········· 55
104. 考试题都做完了可以提前交卷吗? ············· 55

面试流程

105. 面试什么时候打印准考证? ················· 56
106. 面试对服装有要求吗? ··················· 56
107. 面试需要带什么进考场? ·················· 56
108. 线下面试的流程是如何进行的? ·············· 56
109. 抽签选择试讲课文只有一次机会吗? ············ 58
110. 可以带表进入考场吗? ··················· 58
111. 面试一般有几位考官? ··················· 58
112. 说课和试讲可以看备课时准备的教案吗? ········· 58
113. 在试讲的过程中，面试官会充当学生回答问题吗? ····· 59
114. 试讲的时候必须写板书吗? ················· 59
115. 中文问答用时很短会影响评分吗? ············· 59
116. 外语问题如果没听懂可以请面试官重复吗? ········ 59

117. 外语问题不知道怎么用外语回答时可以使用中文回答吗？⋯⋯⋯⋯⋯⋯⋯⋯⋯⋯⋯⋯⋯⋯⋯⋯⋯⋯⋯⋯59
118. 面试结束后，收回的教案也参与评分吗？⋯⋯⋯⋯⋯60
119. 怎么才能给考官留下好印象？⋯⋯⋯⋯⋯⋯⋯⋯⋯⋯60
120. 面试当天上下午或者第一天和第二天的考题一样吗？⋯⋯60
121. 有没有考试当天内容分享群？⋯⋯⋯⋯⋯⋯⋯⋯⋯⋯60

居家考试

122. 笔试和面试都可以居家考吗？⋯⋯⋯⋯⋯⋯⋯⋯⋯⋯61
123. 居家考试对环境有哪些要求？⋯⋯⋯⋯⋯⋯⋯⋯⋯⋯61
124. 居家网考对网络和电脑设备有哪些要求？⋯⋯⋯⋯⋯61
125. 居家笔试流程是如何进行的？⋯⋯⋯⋯⋯⋯⋯⋯⋯⋯63
126. 居家面试流程是如何进行的？⋯⋯⋯⋯⋯⋯⋯⋯⋯⋯64
127. 居家考试的考试纪律是怎样的？⋯⋯⋯⋯⋯⋯⋯⋯⋯66
128. 居家考试有哪些注意事项？⋯⋯⋯⋯⋯⋯⋯⋯⋯⋯⋯69
129. 居家网考需要下载哪些软件？⋯⋯⋯⋯⋯⋯⋯⋯⋯⋯70
130. 考试之前有对设备和系统的测试吗？⋯⋯⋯⋯⋯⋯⋯70
131. 设备测试不合格，可以退费吗？⋯⋯⋯⋯⋯⋯⋯⋯⋯70
132. 居家面试会比线下面试通过的概率高吗？⋯⋯⋯⋯⋯70
133. 如果因为网络或其他原因导致考试中断，可以立刻重考吗？⋯⋯⋯⋯⋯⋯⋯⋯⋯⋯⋯⋯⋯⋯⋯⋯⋯⋯⋯⋯71
134. 笔试去考点考试跟居家考试有什么区别？⋯⋯⋯⋯⋯71
135. 面试去考点考试跟居家考试有什么区别？⋯⋯⋯⋯⋯71

成绩与证书申领

136. 考完多久可以知道成绩? 72
137. 如何查询考试成绩? 72
138. 考试成绩是终身有效吗? 72
139. 考试成绩可以进行复查吗? 73
140. 考试通过后如何申领证书? 73
141. 证书申领有时间限制吗? 74
142. 申领证书需要单独付费吗? 74
143. 证书必须到考点领取吗? 75
144. 证书可以请人代领吗?需要哪些材料? 75
145. 证书可以邮寄吗? 75
146. 证书上面会记录笔试和面试的成绩吗? 75
147. 证书是终身有效吗? 75

继续教育（续证）

148. 续证需要具备哪些条件? 76
149. 5年内没有续证，以后是否还要重新参加考试? 76
150. 续证需要的课时证明哪些地方可以开具? 77
151. 继续教育以什么形式进行? 77
152. 继续教育学分怎么计算? 77
153. 线上继续教育应该在哪个网站进行? 77
154. 线上课程的有效期是多长时间? 77
155. 线上继续教育需要交培训费吗?是多少? 78
156. 线下继续教育在哪个网站报名? 78

157. 线下继续教育的费用是多少？包括住宿费吗？⋯⋯⋯⋯ 78
158. 教学实践一定要在国外吗？⋯⋯⋯⋯⋯⋯⋯⋯⋯⋯⋯ 78
159. 证书失效后可以再重新考吗？成绩会受到影响吗？⋯⋯ 78

教培机构

160. 怎么判断一个培训机构的真假，避免上当受骗？⋯⋯⋯ 79
161. 报班前，怎么判断一家培训机构的教学质量？⋯⋯⋯⋯ 80
162. 一般机构的培训费用是多少钱？⋯⋯⋯⋯⋯⋯⋯⋯⋯⋯ 80
163. 现在市面上的培训机构，应该如何选择？⋯⋯⋯⋯⋯⋯ 81

行业与证书

1. 国际中文教育行业前景如何?

答：在国际大环境下，随着中国经济实力、综合国力的不断增强，对外经贸文化交流合作的广泛开展，国际中文教育的需求总体上持续上涨，国际中文教师的需求量总体上持续增大。目前，海外国际中文教育行业人才缺乏，专业教师人数尚不饱和，特别是高级专业人才缺口较大。

2. 国际中文教育从业者有哪些就业岗位?

答：赴海外孔子学院国际中文教师志愿者及公派教师；海内外大学、国际学校中文教师及教务管理人员；国际中文教育培训机构中文教师及教务管理人员；外企商务汉语教师；国内政府外事及侨务部门、高校国际交流合作部门工作人员；外国驻华使领馆工作人员；国际中文教育自由职业者；等等。

3. 国际中文教师目前待遇如何？

答：在不同国家和地区，不同教学单位教师个体待遇差异较大。总的来说：国外待遇优于国内；国内的国际中文教育主要集中在北上广深等发达地区，一线城市待遇优于其他城市；国际学校待遇更优，且上升空间更大。

4.《国际中文教师证书》是什么？

答：《国际中文教师证书》考试是由教育部中外语言交流合作中心主办的一项考查应试者国际中文教育专业知识、技能及职业素养等的综合性标准化考试。《国际中文教师证书》是教育部中外语言交流合作中心为符合国际中文教师标准并通过笔试及面试者颁发的国际中文教育能力证明。

5. CTCSOL是什么？

答：CTCSOL是"国际中文教师证书"即"Certificate for Teachers of Chinese to Speakers of Other Languages"的缩写。

6. 考这个证书有什么用？

答：《国际中文教师证书》是对持证者国际中文教育能力和综合素质的证明，其主要用途是：报考赴海外国际中文教师志愿者及公派教师的优先与必要条件；海内外学校、教育机构选聘和评价中文教师的参考依据；评价国际中文教学机构师资水平及教学实力的参考。

7. 这个证书是哪个机构颁发的？

答：原为"国家汉办/孔子学院总部"，现为教育部直属机构——"中外语言交流合作中心"。

8. 拿到这个证书就可以做国际中文教师了吗？

答：不是。拿到证书并不意味着就是国际中文教师，报考赴海外国际中文教师志愿者及公派教师仍然需要经过其他的测试、筛选及培训；选择国内高校、国际学校、国际中文教育培训机构就业仍需符合各用人单位需求，通过相关的招聘流程后方可获得相应职位。

9. 这个证书是去海外做中文教师志愿者和公派教师的必要条件吗？

答：是。这个证书是原国家汉办／孔子学院总部，现教育部中外语言交流合作中心向海外孔子学院派出中文教师志愿者及公派教师的唯一认可证书，2020年起，所有孔子学院／孔子课堂中文教师必须持证上岗。

10. 持有这个证书是去海外教汉语的必要条件吗？

答：不是。就目前的情况而言，海外的大中小学、国际学校及语言培训机构等对中文教师均有需求，但要求不尽相同，因此这个证书并不一定是去海外教汉语的必要条件，以用人单位及派出单位的要求为准。目前，越来越多的单位把持有这个证书作为优先或必要条件。

11. 国内外学校对这个证书的认可度高吗？

答：自2015年以来，国内外学校对该证书的认可度逐年增高，一些用人单位将其作为入职上岗的优先或必要条件。

12. 《国际中文教师证书》考试主要考什么?

答:考试主要考查现代汉语基础知识、第二语言教学理论与方法、教学组织与课堂管理、中华文化常识与跨文化交际、职业道德与专业发展等。

13. 考试难吗?通过率高吗?

答:难度因人而异,通过率不太高。对于跨专业且完全没有接触过这个行业的人来说考试比较有难度,但是通过一段时间比较系统的准备,通过考试的可能性也比较大。对于有经验或者本专业的人来说,难度相对会小一些。据相关研究的数据,笔试总得分率在63%左右。[①]

[①] 杨琳静等. 国际汉语教师评价标准及考试分析[J]. 云南师范大学学报(对外汉语教学与研究版),2019(2)。

报考资格及要求

14. 报名考试有什么条件？

答：笔试的报考条件：

（1）热爱国际中文教育事业，致力于传播中文及中华文化；

（2）申领证书时，需具有大学本科及以上学历；

（3）非中国籍人士汉语水平相当于HSK（六级）；

（4）中国公民普通话水平二级甲等及以上，并熟练掌握一门外语。

面试的报考条件：通过笔试。

15. 在校大学生可以报名吗？

答：可以。但如果没有大学本科学历，通过考试之后，无法立即申领证书，需等到取得本科毕业证书后才能申领《国际中文教师证书》。

16. 本科学历是报名参加考试的必要条件吗？

答：不是。暂未获得本科学历时可以报名考试，但是本科及以上学历是申领证书的必要条件。

17. 报名需要用学位证书吗？

答：不需要。只需要本科及以上的学历证书。

18. 自考本科可以报名吗？

答：可以。"大学本科学历"指的是国家承认的本科学历（包括全日制普通高校、自学考试、成人教育、电大开放教育、网络教育等），教育部学信网可查。

19. 报名考试有专业限制吗？

答：没有。没有专业限制，也没有相关经历、经验等限制。

20. 报名以前需要先参加普通话水平测试吗？

答：不需要。报名、考试及申领证书均不审核普通话证书，因此不需要先参加普通话水平测试。考生的普通话水平通过面试过程考查，不单独测试普通话水平。持有普通话证书，但普通话不够标准，面试成绩也会受到影响。

21. 考试对普通话水平有什么要求？

答：中等以上水平。考试没有对普通话水平提出硬性要求和标准，根据历年考试结果，普通话非常不标准或者有一些习惯性错误发音者可能不会通过面试。建议方言口音较重的考生考前加以练习。

22. 报名需要有大学英语四六级证书吗？

答：不需要。报名、考试及申领证书不会审核外语水平相关证明，但如果不能较熟练掌握所报考的外语语种，会影响面试成绩。

23. 考试对外语水平有什么要求？

答：外语水平在面试中考查，主要考查的是考生是否可以使用外语解决基本的生活需求问题以及能否使用外语进行一般的工作、交流，应对和解决课堂上的突发情况。对各外语语种考试的等级没有要求。

24. 除了英语，面试时可以使用其他语种吗？

答：可以。目前除英语外，其他语种支持日语、韩语和俄语等，以报名时各考点开放的语种为准。

25. 其他外语语种会比英语更有优势吗？

答：不会。不同外语语种的需求量各不相同，相对来说，能使用俄语、日语、韩语和西班牙语的人才数量较英语少很多，而需求量相对稳定，因此在工作方面机会更多、应聘成功的可能性也更大，但在证书考试的过程中及取得证书的概率上并没有明显的优势。

考试费用

26. 考试的报名费是多少？

答：中国大陆地区考点笔试每次人民币400元，面试每次人民币600元。参加海外或中国港澳台地区考点报名考试以考点公布的具体信息为准。

27. 考取证书一共需要花费多少钱？

答：因人而异。考证除了报名费以外，还会涉及复习资料的费用。另外，每个考生的背景和选择不同，如果选择参加机构的培训课程，需另外支付相关培训费。除此以外，考生赴考时产生的交通费、住宿费，以及考后的证书邮寄费等都可以计算在考证总费用当中。

28. 这个考试可以开具发票吗？

答：可以。考生如需开具考试费发票，可直接向报考的考点申请，由考点统一上报后开具。2022年9月以后参加考试的考生，可在考试结束2个月以后在CTCSOL官网（www.chineseteacher.org.cn）"个人中心"申请电子发票。

考试时间、报名方法及流程

29. 每年什么时候考试？

答：考试分为笔试和面试，一般每年各举行两次，上半年、下半年各一次。笔试一般是在每年的4月（或5月）和9月（或10月），面试一般是在6月（或7月）和12月（或下一年1月）。具体时间以官方公布为准。

30. 一般什么时候报名？

答：笔试的报名时间一般在每年的3月（或4月）和8月（或9月），面试报名在5月（或6月）和11月（或12月）。

31. 在哪儿报名？

答：报名网址：www.chineseteacher.org.cn。

32. 报名以前需要准备哪些材料？

答：（1）大小在200KB以内、JPG格式的白底标准证件照（一英寸）；

（2）电子版身份证照片正反面；

（3）电子版本科及以上毕业证书。（申领证书时必须提交。）

33. 笔试面试一起报还是分开报？

答：分开。笔试和面试需要分别单独报名，笔试通过才可以报名参加面试。

34. 线下笔试报名流程是怎样的？

答：（1）注册用户。注册成为CTCSOL官网用户。注册时需要考生输入个人基本信息、联系信息，设置密码，然后点击"已阅读并同意《注册协议》及《隐私保护协议》"，仔细阅读协议后提交。

（2）填报信息。选择考点和考试日期，并完善考生信息，上传个人证件照片，确认报名信息无误后提交。（提示：照片为大小在200KB以内、JPG格式、一英寸白底标准证件照。如照片不合格或未提交照片，将影响考生参加考试和领取证书。）

（3）确认付费。考生必须支付足额考试费后才可以完成报名。中国大陆地区的考生均以在线支付的方式支付考试费。选择海外或中国港澳台地区考点参加考试的考生，须与考点联系，确认支付方式（网络在线支付或其他方式）及费用标准。（提示：须使用IE 8.0及以上的浏览器打开支付网页进行支付。完成缴费前，考生可以更改报名信息或取消考试，不受任何限制；完成缴费后，考生不得更改报名信息、考试地点和考试日期。）

（4）打印准考证。考前一周内登录CTCSOL官网"个人中心"打印准考证。

35. 居家笔试报名流程是怎样的？

答：（1）注册—填报信息—确认付费。（同线下笔试报名流程。）

（2）居家网考客户端下载。在规定时间内下载居家网考客户端，按要求进行网络测速，逾期下载通道将关闭。网考客户端下载地址：http://www.chinesetest.cn/ctcsolclient.html。（提示：每个考生的客户端具有唯一性，不得复制使用他人下载的客户端，不得使用以往下载的客户端。）

（3）打印准考证。考前一周内登录CTCSOL官网"个人中心"打印准考证并查看PWD考试密码。

36. 线下面试报名流程是怎样的？

答：（1）登录网站。使用此前已经注册过的CTCSOL官网用户名和密码登录。

（2）进入报名页面。选择考点、语种和考试时间，填写笔试准考证号，通过报名系统验证后，考生信息将自动显示。此时信息不可修改。确认并提交报名信息后，成功预订考试。

（3）确认付费。支付足额考试费后才可以完成报名，正常参加考试。中国大陆地区的考生均以在线支付的方式支付考试费。选择海外或中国港澳台地区考点参加考试的考生，须与考点联系，确认支付方式（网络在线支付或其他方式）及费用标准。（提示：须使用IE 8.0及以上的浏览器打开支付网页进行支付。须在报名期内完成缴费，否则报名无效。由于面试受场地和面试官资源限制，每次考试的考位有限，建议在预订考试成功后立即缴费，以确定预留考位。）

（4）打印准考证。考前一周内登录CTCSOL官网"个人中心"打印准考证。

37. 居家面试报名流程是怎样的?

答：（1）登录网站—进入报名页面—确认付费。（同线下面试报名流程。）

（2）居家网考客户端下载。（同居家笔试。）

（3）打印准考证。（同居家笔试。）

（4）参加考试流程模拟。考前一周主动联系考点，以便及时获得考前注意事项，并在规定时间参加考试流程模拟。（提示：考生进行网络测试及考试流程模拟的环境应与考试当天的网络环境相同。）

38. 面试的时间自己可以选择吗？

答：可以。面试一般会在周末两天的上下午举行，考生可以根据自己的情况来选择面试的具体时间。

39. 报名时遇到网络卡顿怎么办？

答：由于每次考试报名人数较多，出现网络卡顿属于正常情况。建议确保网速，多刷新。

40. 报名缴费时一直显示登录错误，但邮箱、密码都是对的，就是登录不上，怎么办？

答：偶尔可能存在这种情况，可以考虑申请用另外的邮箱重新注册。

41. 每次考试报名人数有名额限制吗？

答：有限制。当次报名人数已满时，系统默认不可以再报名。

42. 报名成功但是缴费不成功，算报名成功吗？

答：不算。报名成功与否以是否缴费为准。

43. 缴费后还可以修改个人信息或变更考点吗？

答：不可以。在尚未缴费的情况下，允许修改个人信息及更换考点。已经完成缴费的考生，不可以对个人信息及考点进行修改。如有信息填写错误，考生须将报名信息、身份证件复印件、个人信息以及需要修改的内容进行整理，与报考考点进行沟通并核对更改。考点联系方式可在CTCSOL官网"官方考点"进行查询。

44. 外国人与中国人报考有区别吗？

答：有。外国人（包括持有外国护照的外籍华人）可以报考本土版，也可以报考通用版；中国人（包括持有中国护照的中国籍"外国人"）必须报考通用版。即以报考时提交的国籍（身份）证明为准。若报考错了，成绩将会视为无效。

45. 报名以后如果不想考了可以退费吗？

答：不可以。完成缴费前，考生可以更改报名信息或者取消考试，不受任何限制；在完成缴费后，考生不得更改报名信息、考试地点和考试日期等，不可退费。

46. 报名以后如果没准备好可以延期考试吗？

答：不可以。

47. 一次考不过还可以考第二次吗？

答：可以。没有考试次数限制。前次考试对下次考试没有影响。

48. 笔试过了，面试没过，下一次面试时笔试成绩保留吗？

答：笔试成绩的有效期是2年，有效期内都可以参加面试，简单来说就是笔试通过以后一共有4次面试的机会。

考试地点

49. 国内国外都可以参加考试吗？考点都有哪些？

答：可以。国内国外都可以参加考试，需要了解所在国家（地区）及所在城市是否设有考点。具体考点信息可以在CTCSOL官网"官方考点"进行查询。

50. 考点是自己选择的吗？

答：是。但不能跨国家（地区）参加线上考试，即考试时，考生需身处所报考点所在国家（地区）。

51. 本省有考点，可以跨省参加考试吗？

答：可以。目前考试对身在中国的考生没有国内考点的限制，考生可以根据自己的情况和偏好选择国内任意考点。（中国港澳台地区除外。）

52. 如何确定自己最终的考点？

答：考生可以考前一周左右登录CTCSOL官网查看并打印准考证，考试的最终考点以及考点的具体地址等信息都将呈现在准考证上。

53. 笔试和面试可以在不同的考点吗？

答：可以。笔试通过以后报名面试，考点可以按照自己的意愿自主选择。

54. 可以笔试在国内参加，面试在国外参加吗？

答：可以。

55. 不同考点面试的评分标准一样吗？

答：一样。所有面试官都是严格按照统一的评分标准进行打分的，不会因考点不同而存在差异。

56. 在三四线城市考点参加面试会比在北上广深更容易通过吗？

答：不会。面试标准是一样的，不存在地域差异。

57. 限本省考试是以户籍为准吗？

答：不是。限本省考试的情况只是在新冠病毒疫情防控期间的要求，主要目的是防止人员流动，因此限本省考试是以个人当前实际所在地为准，与户籍无关。

58. 笔试可以居家考试吗？

答：可以。

59. 面试可以居家考试吗？

答：可以。

60. 居家考试可以选择海外考点吗？

答：可以。但是，本人须在考点所在国家（地区）参加考试，即考试时考生本人必须身在考点所在国家（地区），但具体城市不限。官方将按照每个国家的IP地址来判定考点位置，也会按照IP地址来判定考生身处的位置。如果考生身在中国，却参加了西班牙考点的考试，那么即使是居家网考，也会被视为跨国，脱离正常监控范围，有可能会被判定为作弊而取消考试资格。

考试内容、形式及评定标准

61. 考试范围包括哪些方面？

答：考试范围涵盖汉语教学基础、汉语教学方法、教学组织与课堂管理、中华文化与跨文化交际、职业道德与专业发展五个方面。具体包括：汉语交际能力、语言分析能力、第二语言习得基本原理、汉语语言要素教学方法、听说读写分项教学方法、现代教育技术应用、教学设计能力、教学资源应用能力、道德修养和职业发展能力等，以及相关的理论知识、应用方法和综合能力。

此外，面试过程中还会对考生的普通话水平和外语能力进行考查。

62. 笔试试卷题目有哪几个部分？

答：笔试分为基础知识、应用能力、综合素质三部分。前两部分主要以案例分析及处理的形式来进行，绝大部分案例来源于国际中文教育真实课堂教学；第三部分主要以国际中文课堂或国际中文教师海外生存遇到的真实情境进行程度判断的形式来进行，重点考查考生跨文化交际及适应能力。

63. 笔试都有哪些题型？每个部分的占比是多少？

答：笔试的150道题全部为客观选择题。基础知识、应用能力、综合素质三个部分各50题，各50分。

64. 笔试需要达到多少分才能通过考试？

答：笔试满分150分，90分即算通过。

65. 面试有哪几个部分？

答：面试一共有四个部分：外语自我介绍（2分钟）；说课（3分钟）；试讲（7分钟）；问答，包括中文问答（7分钟）和外语问答（6分钟）。

66. 面试需要达到多少分才能通过？

答：面试分为中文部分（满分100分）和英文部分（满分50分），中文部分60分及以上、英文部分30分及以上即算面试通过。

67. 考试具体的评价标准是什么？

答：（1）汉语教学基础

标准	内容描述
1.1 具备汉语交际能力	1.1.1 具有符合职业需要的汉语口语和书面语交际能力 1.1.2 具有提高自身汉语水平的意识和能力
1.2 具备基本的汉语语言学知识和语言分析能力	1.2.1 具备汉语语言学的基本知识 1.2.2 具备基本的汉语语音、词汇、语法和汉字的分析能力
1.3 了解语言学习基本原理	1.3.1 了解第二语言习得的基本概念和主要理论 1.3.2 了解第二语言学习的基本过程 1.3.3 了解第二语言学习的主要影响因素
1.4 熟悉语言教学基本原则与方法	1.4.1 熟悉第二语言教学的一般原则，并具有将其与汉语教学实践相结合的意识和能力 1.4.2 熟悉第二语言教学的主要方法

（2）汉语教学方法

标准	内容描述
2.1 掌握汉语教学的基本原则与方法	2.1.1 掌握汉语教学的基本原则与方法，并能运用于教学实践 2.1.2 能根据不同的教学对象和教学目标进行教学，培养学习者的汉语综合运用能力

（续表）

标准	内容描述
2.2 掌握汉语语音、词汇、语法和汉字教学的基本原则、方法与技巧，了解汉外语言主要异同，并能进行有针对性的教学	2.2.1 掌握汉语语音、词汇、语法和汉字教学的基本原则与主要内容 2.2.2 掌握汉语语音、词汇、语法和汉字教学的方法与技巧，并能根据不同的教学对象采用适当的教学方法 2.2.3 具备汉外语言对比的能力 2.2.4 具备分析和处理学习者偏误的能力
2.3 掌握汉语听说读写教学的特点、目标、原则与方法，并能进行有效的教学	2.3.1 了解汉语技能教学的课型特点、教学目标与基本原则 2.3.2 掌握汉语听说读写教学的方法与技巧，并能有效地组织教学 2.3.3 能根据学习者的特点，设计、组织教学活动
2.4 了解现代教育技术，并能应用于教学	2.4.1 了解现代教育技术及其对汉语教学的作用 2.4.2 具有运用现代教育技术进行汉语教学的能力

（3）教学组织与课堂管理

标准	内容描述
3.1 熟悉汉语教学标准和大纲，并能进行合理的教学设计	3.1.1 熟悉有关的汉语教学标准和教学大纲 3.1.2 能合理设计课程并制订教学计划 3.1.3 能根据教学要求编写教案

（续表）

标准	内容描述
3.2 能根据教学需要选择、加工和利用教材与其他教学资源	3.2.1 熟悉常用的汉语教材 3.2.2 能合理选择、加工和使用汉语教材 3.2.3 能根据教学需要利用各类教学资源制作、补充教学材料
3.3 能设计课堂教学的任务与活动	3.3.1 了解课堂教学任务与活动的主要类型及特点 3.3.2 具备设计教学任务和组织教学活动的能力 3.3.3 能合理选用或制作必要的教具
3.4 能进行有效的课堂管理	3.4.1 了解并适应不同国家和地区的课堂管理文化 3.4.2 能创建有利于汉语教学的课堂环境与氛围 3.4.3 能采用适当的策略和技巧实施有效的课堂管理
3.5 能有效地组织课外活动	3.5.1 了解课外活动的形式、特点和作用 3.5.2 掌握组织课外活动的基本方法和程序 3.5.3 能根据学习者特点组织课外活动
3.6 了解测试与评估的基本知识，能对学习者进行有效的测试与评估	3.6.1 了解测试与评估的基本知识和主要方法 3.6.2 能根据不同教学目的选用或设计合适的测试与评估工具 3.6.3 能对测试与评估结果进行有效的分析和应用

（4）中华文化与跨文化交际

标准	内容描述
4.1 了解中华文化基本知识，具备文化阐释和传播的基本能力	4.1.1 了解中华文化基本知识、主要特点、核心价值及当代意义 4.1.2 能通过文化产品、文化习俗说明其中蕴含的价值观念、思维方式、交际规约和行为方式 4.1.3 能将文化阐释与传播和语言教学有机结合 4.1.4 掌握相关中华才艺，并能运用于教学实践
4.2 了解中国基本国情，能客观、准确地介绍中国	4.2.1 了解中国的基本国情 4.2.2 了解当代中国的热点问题 4.2.3 能以适当方式客观、准确地介绍中国
4.3 具有跨文化意识	4.3.1 了解世界主要文化的特点 4.3.2 尊重不同文化，具有多元文化意识 4.3.3 能自觉比较中外文化的主要异同，并应用于教学实践
4.4 具有跨文化交际能力	4.4.1 了解跨文化交际的基本原则和策略 4.4.2 掌握跨文化交际技巧，能有效解决跨文化交际中遇到的问题 4.4.3 能使用任教国语言或英语进行交际和教学

（5）职业道德与专业发展

标准	内容描述
5.1 具备教师职业道德	5.1.1 认识并理解职业价值，树立并维护职业信誉 5.1.2 遵守法律和职业道德规范

（续表）

标准	内容描述
5.2 具备良好的心理素质	5.2.1 具有健康的心理和积极的态度 5.2.2 具有较好的心理承受能力和自我调适能力 5.2.3 具有合作精神
5.3 具备教育研究能力和专业发展意识	5.3.1 能进行教育研究，具有教学反思能力 5.3.2 了解相关学术动态和研究成果，参与学术交流和专业培训，寻求专业发展机会

教材及备考资料

68. 考试有官方指定教材吗?

答:没有。官方只规定考试范围和能力标准,没有指定必考教材,考生可以根据考试范围选择本专业任意教材复习。官方给出的参考书目与考试范围有一定差距,不能覆盖考试范围的全部知识。

69. 官方是否给出了参考书目?

答:目前官方提供的参考书目如下:

(1)《〈国际汉语教师证书〉考试大纲》

(2)《〈国际汉语教师证书〉考试大纲解析》

(3)《〈国际汉语教师证书〉面试指南》

(4)《国际汉语教师经典案例详解》

(5)《国际汉语教学案例与分析(修订版)》

(6)《〈国际汉语教师证书〉考试真题集》

(7)《跨文化交际》

（8）《汉语词汇与词汇教学》

70. 官方列出的参考书都必须购买吗？

答：可酌情购买。（1）（2）这两本为纲领性材料，主要让考生知悉考试的具体内容和要求，其中的主要内容在CTCSOL官网上都有，作为一般性了解即可；（3）（4）（5）这三本书笔试备考时可以不看，其主要用途是面试，虽然在笔试试卷中也可能会涉及案例问题，但并非只考这三本书上的案例，同类的案例分析类图书很多，考生可以根据个人情况自由选择；（6）中包含笔试、面试完整试卷各两套，但并不是某一次考试的完整真题试卷，而是从几次考试中挑选组合而成，且无答案、评分标准和解析，其作用类似于样卷，便于考生了解真实的考试题型、试卷结构等；（7）（8）是一般性专业参考书，同类书很多，考生可以根据自己的专业背景、理解程度和复习时间灵活选择，并不是说只考这两本书，也并不是说这两本书比其他书更适合考试。

71. 非本专业考生需要学习哪些专业课教材？

答：考试大纲规定的考试范围与国际中文教育专业的知识结构和课程设置基本一致。本专业的核心知识包括汉语作为第二语言教学概论、现代汉语、汉语作为第二语言教学法、跨文化交际等。推荐教材如《汉语第二语言教学概论》（周小兵）、《现代汉语（第二版）》（上册、下册、学习参考）（黄伯荣、李炜）、《实用对外汉语教学法（第四版）》（徐子亮、吴仁甫）、《跨文化交际概论》（张世涛、徐霄鹰）等。这些教材均由专业领域知名学者编写，被高等院校国际中文教育专业广泛采用，理论框架与知识内容反映当前研究成果，同时，教材容量与难度适中，语言表达通俗易懂，适合考生自学。

扫码购书

扫码购书

扫码购书

72. 面试备考时可以学习哪些参考书？

答：面试考查的核心是教学法、课堂组织与管理及跨文化交际案例分析、外语水平等。除了解相关专业知识外，可集中学习《〈国际汉语教师证书〉考试面试教程》（张淑男等），并在该书指导下进行实操练习。英语能力不强的考生可以学习《国际汉语教师证书面试常见英文问答》（任磊）。另外，问答部分的试题均以案例形式呈现，平时多看案例分析书，了解真实案例，会对考试大有帮助，推荐用书如《跨文化交际案例：汉语教师海外工作实训教程》（汪海霞、刘刚）、《生存攻略案例：汉语教师海外生活实训教程》（刘刚、汪海霞）、《国际汉语教学从这里开始：中小学国际汉语教学案例与分析》（陈

扫码购书

扫码购书

扫码购书

扫码购书

琪、倪慧君）等，这类书平时可以当故事书看，多多益善。

73. 除了官方推荐的，还有哪些比较好的应试参考书和模拟题？

答：除官方推荐书目和专业课教材外，专门用于证书考试的复习备考用书不多，以下推荐书目适合快速并且有针对性地复习备考：

（1）《〈国际中文教师证书〉考试应试指导与模拟测试（第二版）》（梁社会、张小峰）

扫码购书

全书根据试卷结构分为基础知识、应用能力和综合素质三部分，每部分由概述、例题详解和实战训练组成，书后附两套仿真模拟试卷、参考答案及解析。其主要特点是：精要介绍试卷各部分的考查范围、试题特点、应试策略及复习方法；在专项强化训练中帮助考生掌握各类题型答题技巧，提高应试能力；仿真模拟试卷紧跟命题方向，考点明确，解析详尽，注重知识拓展。

（2）《〈国际中文教师证书〉考试考点问答（第二版）》（梁社会、张小峰）

扫码购书

本书在严格遵照考试大纲五大标准基础上，抽取相应五个标准中涵盖的主要考点，以问答的形式概括出每部分的重要知识点，帮助考生有针对性地复习，掌握基础知识、应用能力、综合素质各部分的要点和常见考点，提高知识水平、应试能力和答题技巧。

（3）《〈国际中文教师证书〉考试模拟试题集（第二版）》（梁社会、张小峰）

扫码购书

全书包括五套仿真模拟试卷、标准答案、考点说明及详细题解。其主要特点是：严格参照考试大纲、样题及考试真题编写，高度仿真；试题涵盖常见易考知识点，知识覆盖面广，考点明确；试题解析详尽，并在解析基础上对相关知识适度扩展。

本书可作为考前预测试卷使用，便于考生了解当前实际水平；试题解析部分也可作为考前复习参考资料，以便有针对性地全面复习。

（4）《〈国际中文教师证书〉考试仿真预测试卷》（第一至五辑；梁社会、张小峰、张淑男等）

本系列是专为考试编写的应试冲刺辅导用书，共5册，每册包括三套高仿真预测试卷、参考答案及解析。其主要特点是：深度把握考试大纲内容，严格参照大纲及样卷编写；紧密追踪考试动态与发展趋势；题解简明精要，部分典型试题提示答题思路与技巧；每套试卷独立成册，便于考前自测，实战演练。

（5）《〈国际汉语教师证书〉考试面试教程》（张淑男等）

全书分概述、外语自我介绍、说课、试讲、问答及情景再现与点评六章，并附有常考语言点实例展示及两套高仿真模拟试卷。其主要特点是：深入解析面试要求，并结合实例对面试各个环节进行详尽讲解；一线资深教师传授备考经验技巧，突出知识、技能和临场指导；面试亲历者真实再现考试实况，教师精要点评，提供第一手资料；用口语化的语言和轻松的风格讲解专业知识，正文旁批注要点。

（6）《中文游戏大本营——课堂游戏100例》（上册、下册，〔新西兰〕Victor Siye Bao等）

本书分门别类介绍了100个实用有趣的教学游戏，包括汉语语音、汉字、词汇、语法、听力、口语等方面，以及与中国文化有关的教学活动。

教材及备考资料

74. 这些应试参考书和模拟题具体应该怎么使用？

答：前面提到的参考书目（1）—（4）主要针对笔试，了解笔试的构成及考试内容后，建议多做模拟题，查看参考答案和解析，通过每道题目了解考点，理解消化每个考点的内容，从容应对笔试。

笔试通过以后可以使用前面提到的参考书目（5）来准备面试，学习并掌握书中每个环节涉及的考点及技巧，自己多模拟多操练。

如果想提高试讲环节的应试水平，可学习前面提到的参考书目（6），掌握更多生动活泼的教学方法。

75. 案例书有哪些？

答：了解更多的真实案例，掌握处理问题的方法，形成正确的观念，对提高笔试和面试成绩均有帮助，特别是对于提高笔试第三部分成绩和自如应对面试问答，是非常有效的复习方法。以下图书涉及世界各地中文教师的真实案例，考试出题基本在此范围内：

（1）《跨文化交际案例：汉语教师海外工作实训教程》（汪海霞、刘刚）

扫码购书

这是一本国际中文教师跨文化交际案例式教材。全书包括40余篇来自全球6个大洲30个国家的一线中文教师的教学工作实例。每篇案例包括案例场景、案例描述和案例反思等部分。

本书突出中文教师海外教学工作正式场合不同场景下的交际问题，中外文化观念的碰撞与误解，以及不同文化之间的比较，强调对跨文化比较的思考和处理相关问题的建议。

（2）《生存攻略案例：汉语教师海外生活实训教程》（刘刚、汪海霞）

扫码购书

这是一本国际中文教师海外生活案例式教材。全书包括40余篇来自全球6个大洲30个国家的一线中文教师的生活实例。每篇案例包括我的故事、生存攻略、结语等部分，线索上以一个具体的个人故事开场，然后将故事中描述的具体问题普遍化，总结出相关方面的生存或生活经验。

本书的突出特点是关注国际中文教师海外生活和生存经验方面的问题，以日常生活中经常发生的事件为主，针对不同国家和地区的特点，按照个人经历，真实再现跟当地风土人情、地理气候、衣食住行（包括货币、消费、礼物、节日、旅行等）息息相关的生活场景和事件，并以此为基础，总结在当地生活及生存的一些普遍性经验。

（3）《国际汉语教学从这里开始：中小学国际汉语教学案例与分析》（陈琪、倪慧君）

本书共收入来自13个国家60篇真实教学案例。全书涵盖语言要素教学、语言技能教学、教学活动组织与设计、课堂管理、文化教学与跨文化交际五大主题。本书主要适用于国际中文教育专业的学生、国际中文教师志愿者、国际学校中文教师及汉语教学研究者，并作为《国际中文教师证书》笔试与面试考生的参考用书。

（4）《北美故事：美国一线汉语教学案例与反思》（刘志刚）

扫码购书

本书收录了多篇当前美国一线中文教师的课堂故事、教学案例及背后的思考与分析。全书分"汉语教学""文化教学""跨文化交际""课堂管理""特殊学生群体"等板块，以丰富的内容、真实的经历、多样的视角、深刻的思考，向读者展示一个具象的、真实的、多样的美国汉语教学全貌，使读者对当前美国各个层面的汉语教学有基本的认识和深层的思考。

（5）《智在沟通：国际汉语课堂教学与管理案例及解析》（刘美如、吕丽娜）

扫码购书

本书是一本面向国际中文教师，以跨文化交流为视角的实用师资培训教材。通过针对国际汉语课堂管理相关的40个实例解析及课堂教学和管理的技巧研究，分析课堂常规事务：课堂管理，包括课堂环境的管理、课堂秩序的管理、课堂活动的管理；教学管理，包括对学生的管理、教学目标管理、教学过程管理、教师管理等；有效沟通，包括教师与学生、家长、同事、校长和校董的沟通技能、技巧；文化冲突，包括教师处理由于中外文化差异而引起的文化冲突。

本书汇集了国际中文教师最关心、最需要解决的问题，通过案例分析，总结解决方案，注重提高教师的跨文化教学能力和管理能力；以大量典型、真实案例为底本，案例分析重思路、重方法、重技巧。

（6）《为师有道：对外汉语教师修炼指南》（〔新西兰〕Victor Siye Bao等）

本书是作者20多年的对外汉语教学经验的总结，内容包括：一、入职篇，从求职着手，分析求职时的困惑，介绍面试策略以及如何上好第一堂课等；二、教学篇，从如何激发学生学习兴趣谈起，介绍分层教学、考试与评估、布置作业、维持课堂纪律、开展中国文化活动以及如何利用科技手段为教学服务等；三、关系篇，

介绍如何处理与学生家长、同事、学生之间的关系；四、介绍一些对外汉语教师应注意的实用性问题。

76. 我打算全面复习，应该看哪些书？需要多长时间？

答：系统化学习，建议先选定参考书目，包括专业课教材和应试辅导与模拟题两部分，制订学习计划，按部就班准备考试。

扫码购书

对于国际中文教育专业或相关专业，如中文、外语等专业的考生，已经学过专业课程，全面复习应以应试辅导书和模拟题为主，如果觉得自己的专业知识不全面、不牢固，也可以通过《〈国际中文教师证书〉考试考点问答（第二版）》（梁社会、张小峰）进行知识点的系统复习。

对于非本专业的考生，全面复习分两方面，一方面是核心专业教材，见本书71问；另一方面是应试辅导书和模拟题，见本书73问。

根据每个人学习时长与习惯的不同，笔试全面复习大概需要3～6个月，面试大概2～3个月。如果零基础跨专业，准备的时间要长一些。

77. 我只有两个月的时间,应该怎么准备笔试?看哪些书?

答:建议先看《〈国际中文教师证书〉考试应试指导与模拟测试(第二版)》(梁社会、张小峰)及《〈国际中文教师证书〉考试考点问答(第二版)》(梁社会、张小峰),全面了解并掌握笔试每个部分的重要知识点、要点和常见考点,提高知识水平、应试能力和答题技巧,然后用8~10套模拟题去检查学习效果,同时补充不足。

扫码购书

扫码购书

78. 我只有一个月的时间,应该怎么准备笔试?看哪些书?

答:建议看《〈国际中文教师证书〉考试考点问答(第二版)》(梁社会、张小峰),然后做四五套模拟题,了解一些知识要点和常见考点。

扫码购书

79. 我打算笔试通过就开始准备面试，应该看哪些书？怎么准备？

答：面试主要分为自我介绍、说课、试讲和中外文问答。建议学习《〈国际汉语教师证书〉考试面试教程》（张淑男等）这本书，其中详细地介绍了面试各环节的内容、特点、复习方法、技巧，并给出应试模板，考生可以按部就班地按照书上的方法来准备，并按照书中的方法逐一尝试。该书被历年考生视为面试神器。

扫码购书

备考方法及策略

80. 笔试需要提前多长时间准备？

答：因人而异。根据以往的考生情况来看，零基础没经验但是学习能力较强，并且能够按部就班地按照自己的计划来准备考试的考生，一般准备一两个月是能够顺利通过考试的。

81. 笔试前两个部分应该如何准备？

答：可以尝试以目标为导向，先做一套完整试题，全面了解试题覆盖的内容，再借助专业教材或参考书，找到每道题对应的知识点，理解每个知识点的具体内容，然后再做一套完整试题，通过题目检验已掌握的知识点，并归纳出新知识点，查找教材或参考书，深入学习、理解。如此循环往复，在反复做题、查找并学习相关知识点的过程中，能够快速、全面地掌握考试题目覆盖的考核内容。因此，大量做题，并随时查找、学习相关教材或参考书，相互验证，深入理解，是快速、有效的复习方法。

82. 笔试文化部分应该如何准备？

答：目前证书笔试文化部分的分值只占10分左右，但是难点在于考查范围极其广泛并且非常难以把握。这部分主要考核的是考生平时关于中华文化知识的积累，短时间内很难快速提高。如果备考时间充裕又不太放心，可以根据做过的试题了解考题特点、考查的方式，并选择一本中国文化方面的参考书或教材集中学习，了解一些中华文化方面的常识要点，如《中国文化概说》（沈振辉）等。

扫码购书

83. 笔试第三部分是心理测试题吗？

答：类似于心理测试。考生只需要认真读题，然后根据自己的认知和想法去选择自己的认同程度即可。

84. 笔试第三部分有评分标准吗？需要备考吗？

答：没有公布。这部分题目的评价标准设置比较复杂，融合了心理学的测试方法，题与题之间有关联，没有单道题的评分，只有这一部分整体的总评分。这部分不建议单独备考，但可以通过阅读大量的案例，了解跨文化交际和课堂管理等方面的真实问题和处理方法，形成正确的价值观念。

85. 笔试备考时间不够了，有通过考试的捷径吗？

答：临阵磨枪不快也光，如果离考试只有一天，那就建议好好休息，期待考的都会蒙的都对。但如果离考试还有一周，可以两步走，第一步以真题带考点，通过做真题的方式来分析并记住考点；第二步找到历年真题高频考点，快速学习。

86. 真题没有答案和解析怎么办？

答：官方出版的两本真题集，一本无答案，另一本有答案无解析，考生可以自己去查找教材或参考书中的相关知识点，以知识点的复习为主，不必过于纠结于某道题的答案。比如，可以参考《〈国际中文教师证书〉考试考点问答（第二版）》（梁社会、张小峰）一书，这本

扫码购书

书基本涵盖了所有可能会考到的知识点。当然也可以加入证书考试交流群跟其他同学和老师交流。

87. 面试需要提前多长时间准备？

答：因人而异。说课试讲部分需要考生了解常见语言点及其教学方法。问答部分需要了解跨文化交际和课堂管理等方面的基本原则及解决问题的方法。外语不好的考生需要花一段时间专门学习跨文化交际中常用的外语词汇和表达。因此准备时间因人而异，一般至少需要1至3个月不等。

88. 外语不好，应该做哪些准备？

答：因人而异。有的考生大学时考过了英语六级，但很久没有使用英语，这种情况的考生有一定的英语基础，通过短期突击训练，是能够达到面试外语水平要求的。有的考生没有达到大学英语四级水平，基础对话听不懂，不能使用简单的外语表达自己的意思，那可能需要先进行一段比较长期的外语学习。不论有没有英语基础，应考复习均可参考《国际汉语教师证书面试常见英文问答》（任磊）或《〈国际汉语教师证书〉考试面试教程》（张淑男等）第五章。

扫码购书

89. 外语自我介绍可以源于生活并高于生活吗？

答：外语自我介绍部分需要源于生活，介绍自己的真实情况，如个人的背景、工作经验、兴趣爱好、国际中文教育对自己的影响或希望从事国际中文教育的原因等，不建议虚构或夸大事实。

90. 完全没有教学经验，针对面试的不同环节应该如何准备？

答：面试考核的方面较多，对于没有教学经验的考生来说，面试备考的任务会比较重。因为除了要学习中文教学相关的理论知识以外，更多的还要注重说课和试讲的操练。说课和试讲的操练，建议先观摩有经验的老师做的示范，总结规律，然后去模仿，最后自己找真题或模拟题进行练习及自我测试。问答部分问题的回答有规律可循，可以通过学习考试辅导书进行总结。面试有三分之一的分数与外语水平相关，如果考生对自己的外语口语水平不自信，建议在备考期间坚持每天练习口语，并通过仿真问答测试来训练对题目的敏感度以及思维速度。问答部分的题目都是基于案例的，了解课堂管理和跨文化交际等方面的真实案例及解决问题的方法，对提高成绩会大有帮助。

91. 7分钟试讲考前怎么准备？可否背几个模板？

答：试讲的核心部分其实是词汇和语法的讲解操练。词汇部分，考试之前可以按照考试的要求训练自己关于词语讲解的方法；语法部分，汉语教学常见语法点相对比较集中，如果时间允许，建议考前独立分析高频语法点，可以准备好所需例句、操练方法、小组或课堂活动等。自己准备几节课作为模板是一个非常好的办法，但要学会灵活运用。

92. 板书有模板吗？需要提前练习吗？

答：有模板，需要提前练习。板书在试讲环节是比较重要的一个评分项。考前考生可以按照自己的习惯或喜好设计一下自己的板书并养成习惯，可以考虑将板书分区，比如词汇区、语法区、图示区等。需要提醒的是，考试时书写板书的时间要控制好，不应过长，毕竟试讲一共才7分钟。关于板书的设计，可以参考《〈国际汉语教师证书〉考试面试教程》（张淑男等）第四章。

扫码购书

笔试流程

93. 准考证什么时候可以打印？

答：不管笔试还是面试，不管线下还是居家，一般都是考前一周左右可以打印准考证。

94. 考试当天还可以打印准考证吗？

答：不可以。切记考试当天无法打印准考证，务必在考前准备好。

95. 考试支持电子版准考证吗？

答：不支持。目前暂时没有电子版准考证，需要打印纸质版准考证。

96. 除了准考证，还需要准备哪些东西？

答：还需携带本人有效身份证件、签字笔、2B铅笔和橡皮等。

笔试流程

97. 线下笔试流程是如何进行的？

答：（1）到达考场。考生应在开考前30分钟到达考场外候考。

（2）进入考场。进行身份查验后，考生有序进入考场，将个人物品放置在指定区域。（提示：入场时无法提供规定证件或持任何假证件的考生，将被拒绝参加考试，考试费用不予退还；考生进入考场后即不能随意离场，考试中间没有休息时间，如有特殊原因，考生需要中途离场的，须经主考同意，在离开考场前把准考证和身份证件交给主考，考生返回考场后，主考返还考生准考证和身份证件。）

（3）就座。根据桌卡找到座位后就座，或根据监考人员提示到指定座位就座。（提示：桌面上只可摆放有效身份证件、准考证、2B铅笔、橡皮及不发声的计时器，其他物品一律放在监考人员指定位置，进入考场之前必须关闭手机。）

（4）听取考场规则。由考场主监考宣读考试规则，考生注意听取。

（5）发放答题卡。监考人员发放答题卡，根据监考人员提示填涂个人信息部分。

（6）发放试卷。监考人员发放试卷，收到试卷后请勿拆封试卷，需得监考人员提示后方可拆封。（提示：提前拆封者将取消考试成绩。）

（7）考试。仔细阅读试题说明，进行作答。

（8）考试结束。当监考人员要求停笔时，考生马上停笔并放下铅笔、橡皮和其他工具。

（9）离场。按照监考人员指示，携带好个人物品按照顺序离场。

98. 笔试一共多长时间？

答：笔试时间共计155分钟（包括5分钟填涂答题卡时间）。

99. 迟到了能进入考场吗？

答：不能。考生需提前30分钟候考，正式开考后考生不得进入考场。

100. 考试中途可以去洗手间吗？

答：一般不可以。原则上是不允许在考试中途离开考场的，如遇特殊情况会酌情处理。

101. 可以带智能手表吗？

答：不可以。考生只可以带没有录音功能、不会发出声音的非智能手表。

102. 考场有挂钟吗？

答：有。每个考场都配有挂钟。

103. 考试的时候监考老师会提醒剩余时间吗？

答：会。监考老师会在考试剩余5分钟时提醒一次。

104. 考试题都做完了可以提前交卷吗？

答：可以。

面试流程

105. 面试什么时候打印准考证？

答：不管笔试还是面试，不管线下还是居家，一般都是考前一周左右可以打印准考证。

106. 面试对服装有要求吗？

答：没有。面试对服装没有明确的规定，但是建议考生穿得整洁、得体、舒适，不宜太过随便，可以穿稍微正式一些的衣服，但也不必过于正式。

107. 面试需要带什么进考场？

答：面试需要带好本人有效身份证件、准考证和30分钟备课时写字用的笔。

108. 线下面试的流程是如何进行的？

答：（1）到达考点。考生根据准考证上提示的入场时间提前十分钟到达考点。

（2）进入候考室。考生在准考证提示的入场时间到达候考室，经由工作人员查验身份后进入。

（3）抽签。按照工作人员提示进行抽签，确定考场和考试顺序。

（4）候考。考生未进入备课室前，在候考室候考。（提示：考生进入候考室后需要关闭所有电子设备，包括手机、录音笔、带有录音功能的手表等。）

（5）备课。按照工作人员提示，进入指定备课室进行备课。备课时间30分钟。（提示：考生可在试卷上进行备课，试卷可带入考场。）

（6）进入面试考场。考生得到面试官指示后进入考场，入场前考生需将个人物品置于考场外的物品存放处，只携带试卷进入考场。考生根据考试流程进行外语自我介绍（2分钟）、说课（3分钟）、试讲（7分钟）、中文问答（7分钟）、外语问答（6分钟）环节的测试。

（7）考试完成。考试结束后，按照面试官指示将试卷材料交给面试官，退出考场，并迅速离开考试区域，不可逗留。请勿与任何人谈及自己的考试情况，否则将按照考试规定进行违规处理，情节严重者将被取消考试成绩。

109. 抽签选择试讲课文只有一次机会吗？

答：是的。不管抽到什么内容不可以更换。

110. 可以带表进入考场吗？

答：可以。非智能、不发声的手表和其他计时器可以带进考场。

111. 面试一般有几位考官？

答：面试一般有三位面试官，其中一位主要负责外语面试，另外两位负责其他面试环节。

112. 说课和试讲可以看备课时准备的教案吗？

答：可以。考生在30分钟备考时间内准备的全部内容都可以写在试卷上带进考场，考生可以偶尔查看教案，但不建议一直看着教案讲。

113. 在试讲的过程中，面试官会充当学生回答问题吗？

答：不会。试讲完全靠考生"自导自演"。

114. 试讲的时候必须写板书吗？

答：写板书是教学过程中的必要环节，考试没有硬性规定，但建议设计并书写板书。

115. 中文问答用时很短会影响评分吗？

答：中文问答的评分标准有自己的维度，如果答案已经涉及了各个维度，则不会因为时间影响评分。但建议充分利用所给时间，把话说得完整、清楚、有条理。

116. 外语问题如果没听懂可以请面试官重复吗？

答：可以。可以礼貌地请面试官慢一点儿或换个表达方式再重复一次，但题目不能更换。

117. 外语问题不知道怎么用外语回答时可以使用中文回答吗？

答：不可以。

118. 面试结束后，收回的教案也参与评分吗？

答：不参与评分。教案仅作为考生备课时的草稿，在说课和试讲时起提示使用，不会作为评分依据。

119. 怎么才能给考官留下好印象？

答：首先，衣着和外貌要做到干净整洁；其次，要懂礼貌，进考场前敲门，跟考官打招呼；再次，板书要规范整洁，回答问题不急不躁、礼貌客气；最后，出考场跟考官再见并记得在离开考场前将自己使用的黑板擦干净，把考试用品整理好。

120. 面试当天上下午或者第一天和第二天的考题一样吗？

答：同一次考试的面试内容当天上下午以及第一天和第二天不完全一样，但可能会有一些重复。

121. 有没有考试当天内容分享群？

答：有一些证书考试交流群，同一批考试的考生会在群里交流一些考试相关内容。

居家考试

122. 笔试和面试都可以居家考吗？

答：可以。每次考试形式以官方事先公布为准。

123. 居家考试对环境有哪些要求？

答：（1）考试须在安全、封闭、光线充足、无干扰的房间中独立进行，禁止在公园、网吧、餐厅等开放场所进行。

（2）考生所在的考试房间，考试过程中全程禁止考生及他人出入，且房间内不能有任何考试禁止出现的物品。

（3）电脑、键盘等考试用品必须放在桌面上。

124. 居家网考对网络和电脑设备有哪些要求？

答：（1）电脑。目前考试系统仅支持Windows（7/10）操作系统，不支持在MAC OS操作系统下运行，不建议使用MAC电脑。屏幕分辨率建议设置为1440×900以上（最低1366×768）。网考系统不支持在手机、平板电脑等移动设备上运行。电脑需自带摄像头或外接独立摄像头，要求像素在30万以上，房间光线充足，保证摄像清晰。

（2）软件。须下载安装网络考试系统客户端。通过客户端检测后，进行备课模拟测试，并熟悉备课系统。

（3）网络。须具备稳定的网络条件，网速要求150KB/s及以上。不能使用代理网络。如网速不达标，考生须在规定时间内提出退考申请。考试当天发生网络问题而影响考试的，不能退考退费。

（4）视频设备。居家网考采用双机位，除考试用电脑外，还需准备一个智能手机、平板电脑或非考试用电脑作为辅助监考设备，并提前根据考点指示下载安装指定软件，用于监考与视频面试。辅助监考设备须开启飞行模式后连接Wi-Fi网络。

（5）确保各个设备电源电量充足。注意：考试当天，因任何原因导致面试中断的，均视为考试结束。

125. 居家笔试流程是如何进行的？

答：（1）登录监考设备。考试开始前90分钟，考生登录监考设备，进入指定会议室（在线考场）。

（2）身份核验和考试环境检查。考生按照主考要求出示身份证件原件和准考证进行身份核验，配合主考通过监考软件360度查看考试环境是否符合考试要求。（提示：①身份核验或考试环境被判定不合格的，不得进行考试，报名费用不予退还；②考试环境检测通过后，考生将监考设备固定置于考生座位的左斜后方或右斜后方50~80厘米位置，使主考能够清楚看到考试电脑屏幕和考生本人，摄像头全程保持开启状态。）

（3）登录网考客户端。考前60分钟，点击"开始考试"登录客户端，对考试作答电脑的摄像头和网络进行检测，检测通过后认真阅读考试规则。（提示：如因个人、设备、网络等原因迟到，不进行补时、补考，报名费用不予退还。）

（4）进入考试系统。输入准考证号和PWD考试密码进入考试系统，系统将自动进行人脸识别。（提示：为提高人脸识别通过率，需保持室内光线充足，整个面部在影像内，刘海儿不要太长，露出额头。）

（5）考试。仔细阅读试题说明，进行作答。考试开始时间一到，系统将自动倒计时。（提示：考试不得提前交卷，考试时间一到，系统将自动提交试卷，两分钟后系统关闭。）

126. 居家面试流程是如何进行的？

答：（1）入场。考生按照准考证上的考试时间，提前10分钟进入视频软件的"候考备课室"。

（2）候考。考生按照主考要求出示身份证件原件和准考证进行身份核验，配合主考通过监考软件360度查看考试环境是否符合考试要求。（提示：身份核验或考试环境被判定不合格的，不得进行考试，报名费用不予退还。）

（3）备课。输入准考证号和PWD考试密码，登录考试系统客户端等待备课。备课开始，系统自动进入试题界面，考生可在系统右边的输入框中输入备课内容。备课时间30分钟。考试系统自动计时，时间到，系统屏幕将自动锁定，不可继续作答。考生输入的备课内容将自动保存，供考生面试时使用。

（4）面试准备。将装有视频会议软件的监考设备摆放在正前方，作为视频面试设备；考试电脑放在视频面试设备旁，保持肩膀及以上部位全程在摄像头画面内。

（5）进入面试考场。考生进入视频软件的"面试考场"，根据考场引导员和面试官指令，准备考试。

（6）考试完成。按照面试官指示将试卷材料提交给面试官。按照引导员和面试官提示退出考试系统和视频面试设备，结束考试。

127. 居家考试的考试纪律是怎样的？

答：（1）考试当天，考生本人须独立在考试房间中作答。考试过程中，房间内不得有任何人员出入，不得出现任何考试禁止出现的物品。

（2）考试期间，电脑、键盘、鼠标及板书用空白纸张和马克笔（如有）等考试用品须全程放置在桌面上，禁止使用任何未经授权的材料，包括但不限于移动设备、手写笔记、录音/录像机、照相机、教科书和教辅材料等；禁止使用纸张、电子设备等任何物品抄写、记录试题或与考试相关的内容；禁止私自拍摄考试过程。如出现以上违规行为，按作弊处理，将立即结束其考试并取消考试成绩。

（3）为保证考试安全，考试期间监考人员将全程通过指定会议软件进行远程视频监考，并通过作答电脑摄像头进行非固定抓拍和人脸识别身份核验，须确保考试电脑的摄像头全程保持打开状态。为保证人脸识别顺利，须保证考试房间光线充足，考生本人须位于镜头正中央，整个面部在影像内，刘海儿不要太长，露出额头。考试过程中保持肩膀及以上部位全程在作答电脑摄像头范围内，全程无遮挡。

（4）考试过程中避免佩戴帽子、头巾、发带、墨镜、珠宝、领带夹等任何配饰物品（如有特殊情况需要佩戴，须在报名时申请）。

（5）考生入场（进入指定线上候考室）后直到考试结束，禁止随意走动、出入房间，禁止与他人交流；考试过程中，不得擅自操作摄像头、麦克风和扬声器控制按钮，违反规定者视为作弊，考试成绩无效。

（6）考生入场（进入指定线上候考室）后直到

考试结束，须按照监考人员和面试官的提示进行操作，禁止擅自退出监考设备和网络考试界面，如考生出现未进入或提前退出监考软件、提前结束考试、强行切出考试页面等操作，均视为主动放弃考试，考试成绩无效。

（7）考生须确保所有设备电源电量充足和网络稳定，任何原因导致面试中断，均视为考试结束。

（8）面试完成后，考生须按照监考人员和面试官提示退出监考设备、结束考试。

（9）考试当天，非考试主办方原因造成的未参加考试、没有完成考试的，后果由考生本人承担，考试主办方与考点不予补时、补考，报名费用不予退还。

（10）面试的试讲环节，面试官不与考生进行互动，考生须自行模拟教学场景。如考生出现任何与考试无关的异常行为、手势、通话等，监考人员将随时通过视频提出警告，警告一次后，若考生未立即停止上述行为，将取消考试成绩。

（11）考试将全程录音录像。考试全程考生应根据监考人员和面试官的指令操作，如发现任何违规行为，将取消考生考试资格或取消考试成绩。

（12）考试主办方将保留对考生违纪行为进行考后追责的权利。

128. 居家考试有哪些注意事项？

答：（1）考生的考试电脑不得安装可能影响监考的防护工具（防偷窥保护膜、防反光屏幕等），具体以监考老师能清晰看到考试电脑屏幕显示为准。

（2）为保证面试时设备稳定，建议考生准备移动设备支架。

（3）用于监考和视频面试的设备须开启飞行模式，防止来电进入中断视频，导致考试结束。

（4）若因考生未提前模拟考试环境和下载客户端而影响考试，由考生自行承担责任。

（5）考生须携带与报名一致的身份证件原件（复印件和扫描件无效）和打印出来的准考证，用于身份查验和网考系统登录。

（6）可准备3~5张空白的A4纸和马克笔，仅限用于板书展示。

129. 居家网考需要下载哪些软件？

答：就目前的情况，需要下载考试客户端和ClassIn。

130. 考试之前有对设备和系统的测试吗？

答：有。一般考前一周考点会统一安排时间进行测试。

131. 设备测试不合格，可以退费吗？

答：可以。有一次退费机会。

132. 居家面试会比线下面试通过的概率高吗？

答：不会。虽然居家考试的环境对考生来说比较熟悉，一定程度上可以缓解考生的紧张感，但线上考试增加了硬件设备条件的影响因素，因此居家考试并不一定比线下考试轻松。不管居家还是线下，考试的评定标准都是一样的，因此虽然部分考生觉得居家比较放松，但是不存在居家考试通过率更高的情况。

133. 如果因为网络或其他原因导致考试中断，可以立刻重考吗？

答：不可以。不管因为什么原因造成考试中断，都无法立刻重考，将视为本次考试结束，或将没有成绩。

134. 笔试去考点考试跟居家考试有什么区别？

答：基本没有。就考试内容来说没有区别，但需要注意的是笔试居家考试需要考试前1.5小时再次测试系统。

135. 面试去考点考试跟居家考试有什么区别？

答：有一定区别。面试去考点考试备考时可以使用纸笔进行准备，居家考试时不可以。面试去考点试讲时有黑板（白板）和马克笔，居家考试时需要自己准备这些东西或者用A4纸代替黑板（白板）。

成绩与证书申领

136. 考完多久可以知道成绩？

答：一般笔试后20个工作日出成绩，面试最后一场结束后20个工作日出成绩。具体可以关注官方发布的通知。

137. 如何查询考试成绩？

答：（1）登录CTCSOL官网，输入准考证等信息后进行查询。

（2）到官方微信公众号平台"CTCSOL"输入准考证等信息后进行查询。

138. 考试成绩是终身有效吗？

答：不是。笔试、面试成绩有效期均为2年。笔试成绩有效期内考生可以报名参加任何一次面试。面试通过后2年内可申领证书。证书有效期是5年。

成绩与证书申领

139. 考试成绩可以进行复查吗?

答：可以。但是条件限制较多，手续烦琐，除0分、缺考、负分等异常情况外，不建议申请复查。

140. 考试通过后如何申领证书?

答：（1）登录汉考国际人才网（http://hr.chinesetest.cn），点击右上角"注册"。

（2）填写信息，注册账号。

（3）登录以后，点击"个人中心"中的"简历管理"，完善相关个人信息，不然无法申请证书。

（4）进入"简历管理"页面后，点击"编辑信息"开始输入个人信息。

（5）只需把基础信息中姓名、性别、出生日期、毕业（就读）院校、学历等重要信息填写完即可。保存以后点击"证书管理"开始申请证书。

（6）进入"证书管理"页面后，点击"立即申请"。

（7）输入个人考试信息，证件号码填写身份证号，填完后点击"查询"。

（8）出现成绩信息后点击"申请证书"。

（9）填写学历证书编号，即毕业证编号，教育部学历证书电子注册备案表在学信网上可下载。

（10）上传学历证书电子版，即毕业证扫描件，注意文件大小要求。

（11）上传证件照，注意文件大小要求。

（12）填写取证方式或邮寄信息，视个人情况而定，填写完毕后点击"申请证书"。

（13）至此证书申请完毕，审核通过后就会出现缴费或领取证书通知的页面。

141. 证书申领有时间限制吗？

答：有。面试成绩公布当日起，面试合格的考生可登录汉考国际人才网进行证书申请。面试成绩有效期（2年）之内均可申领证书。

142. 申领证书需要单独付费吗？

答：不需要。但如果选择证书邮寄需要付邮寄费。

143. 证书必须到考点领取吗？

答：不一定。也可以选择邮寄。

144. 证书可以请人代领吗？需要哪些材料？

答：可以。代领人须携带本人身份证件、委托人身份证复印件及委托书到考点领取。

145. 证书可以邮寄吗？

答：可以。需要自己承担邮寄费用。

146. 证书上面会记录笔试和面试的成绩吗？

答：不会。

147. 证书是终身有效吗？

答：不是。有效期是5年，5年内须完成继续教育，到期后方可注册续证。

继续教育（续证）

148. 续证需要具备哪些条件？

答：除了证书必须在5年有效期内，持证人还必须满足以下两个要求才可续证：

（1）参加官方组织的继续教育培训，完成线上和线下共计100个学分的课程学习，线上80学分，线下20学分；

（2）教学时长需要达到至少192个课时，由教育部中外语言交流合作中心认可的教学机构开具证明，并于证书到期前3个月内递交证明材料。

149. 5年内没有续证，以后是否还要重新参加考试？

答：是。如果在5年有效期内没有成功续证，证书已过有效期，那是需要重新参加考试的。

150. 续证需要的课时证明哪些地方可以开具？

答：一般只有教育部中外语言交流合作中心认可的机构开出的证明才有效。

151. 继续教育以什么形式进行？

答：持证人员继续教育的形式以接受培训为主，培训包括线上培训和线下培训，同时需进行教学实践（提供教学实践证明）。

152. 继续教育学分怎么计算？

答：继续教育需要持证者在5年内达到100学分。继续教育培训分线上和线下两部分，学习完线上课程后，CTCSOL官网"个人中心"的"我的学分"会自动累积80学分，线下课程占20学分。

153. 线上继续教育应该在哪个网站进行？

答：线上学习须登录CTCSOL官网，点击"继续教育"购买继续教育线上课程。

154. 线上课程的有效期是多长时间？

答：线上课程自支付成功之日起2年内有效。有效期内可以反复学习。同时，须在有效期内完成学分认证。

155. 线上继续教育需要交培训费吗？是多少？

答：需要。每5年一次，每次大约1200元。费用由官方收取，直接通过CTCSOL官网支付。

156. 线下继续教育在哪个网站报名？

答：报名网址：http://hr.chinesetest.cn/。

157. 线下继续教育的费用是多少？包括住宿费吗？

答：一般每次300元左右，每次培训时间约为2天，具体以培训通知为准。一般不包括住宿费和交通费。

158. 教学实践一定要在国外吗？

答：不一定。另外，汉考国际会组织一些教学实践活动，持证人报名参加的教学实践活动也会被认定为教学实践。

159. 证书失效后可以再重新考吗？成绩会受到影响吗？

答：可以重新考。新的考试成绩不会因为曾经的证书失效而受到影响。

教培机构

160. 怎么判断一个培训机构的真假，避免上当受骗?

答：由于国际中文教育是热门行业，以及线上教学的隐蔽性，一些骗子公司混迹于《国际中文教师证书》考试培训领域。判断一家公司的真假，首先，可以核实其是否有合法的企业登记信息以及是否处于正常的经营状态。其次，需要准确核实证书名称和颁证机构。另外，凡是宣称"国际认证""全球通用"等及承诺"保过""内部通道""推荐工作""出国任教"等皆需谨慎。目前本行业内还不存在"世界通用""全球认可"的证书，《国际中文教师证书》考试通过率不高，所谓推荐工作无非是给你转发一些招聘信息，这些信息在招聘网站和专业交流群中随处可见。

161. 报班前,怎么判断一家培训机构的教学质量?

答:目前从事证书考试培训的公司较多,教学质量参差,一般可以从以下方面判断:首先是教师的教学资历,一般高校教师和长期从事本专业教培工作的机构培训教师可信度更高,这些教师是否在正规院校从事过对外汉语教学工作也是重要的判断标准;其次是判断其是否有详细的课程设计,课程计划是否针对性强;另外,是否提供实时的答疑辅导也是一个重要参考标准,"以其昏昏,使人昭昭"的老师是很难及时准确回答学生的现场提问的。

162. 一般机构的培训费用是多少钱?

答:目前机构收费在2000~13000元不等,主要看机构的成本,比如授课的讲师是否了解考试内容及答题技巧、是不是知名教授、是否做过证书考试的考官等。大部分的机构会以为学员推荐海外就业和实习为宣传方式提高课程价格,需要大家在报名前询问清楚。

163. 现在市面上的培训机构，应该如何选择？

答：目前市面上证书培训机构林林总总，有一些机构打着保过或者保就业、推荐就业的旗号来招生。如何在众多机构中选出最适合自己的呢？首先不管是大班在线直播课还是录播课，考生一定要要求试听，试听有助于发现教师的授课风格是否适合自己，也可发现教师讲解的内容是照本宣科还是通俗易懂；其次要明确机构的授课形式，是直播课还是录播课，是否有一对一实时在线解答，面试备考时是否有一对一模拟辅导，等等；再次要明确机构的授课内容及课时，如何完成并确定课程的有效期；最后要确认你交给机构的费用都包括什么，比如是否包括资料费，都包括哪些资料，是否包括报名费，如果不满意是否可退费，等等。提醒大家一定要确认好购买合同或报名合同。

（说明：本书相关数据与信息为一般性参考，详情以官方当次考前通知为准。）

希望看完了本书的你顺利通过考试，早日成为一名更合格的国际中文教师！

> **看书太枯燥
> 就来汉得中文
> 在线学习吧！**

《国际中文教师证书》考试学习平台

汉得中文学习卡扫码就能领！

共500个名额

扫描卡中二维码，注册并
购买课程时可抵扣学费
先到先得，额满为止

100￥代金券
汉得中文在线平台学习卡

注册并登录账号，成功领取
购买指定课程时，可抵扣学费
汉得中文在线学习平台
http://jiaohanyu.com

【微信扫码领取】

汉得中文
jiaohanyu.com

微信扫码加入备考体验营

证书真题解析

获取考试资讯

专业助教答疑